COLLECTION PARISIENNE

LE BLOCUS
DE VINCENNES
en 1815

JOURNAL RÉDIGÉ

PAR

L'ADJUDANT BÉNARD

PUBLIÉ PAR

ALBERT PHILIPPE

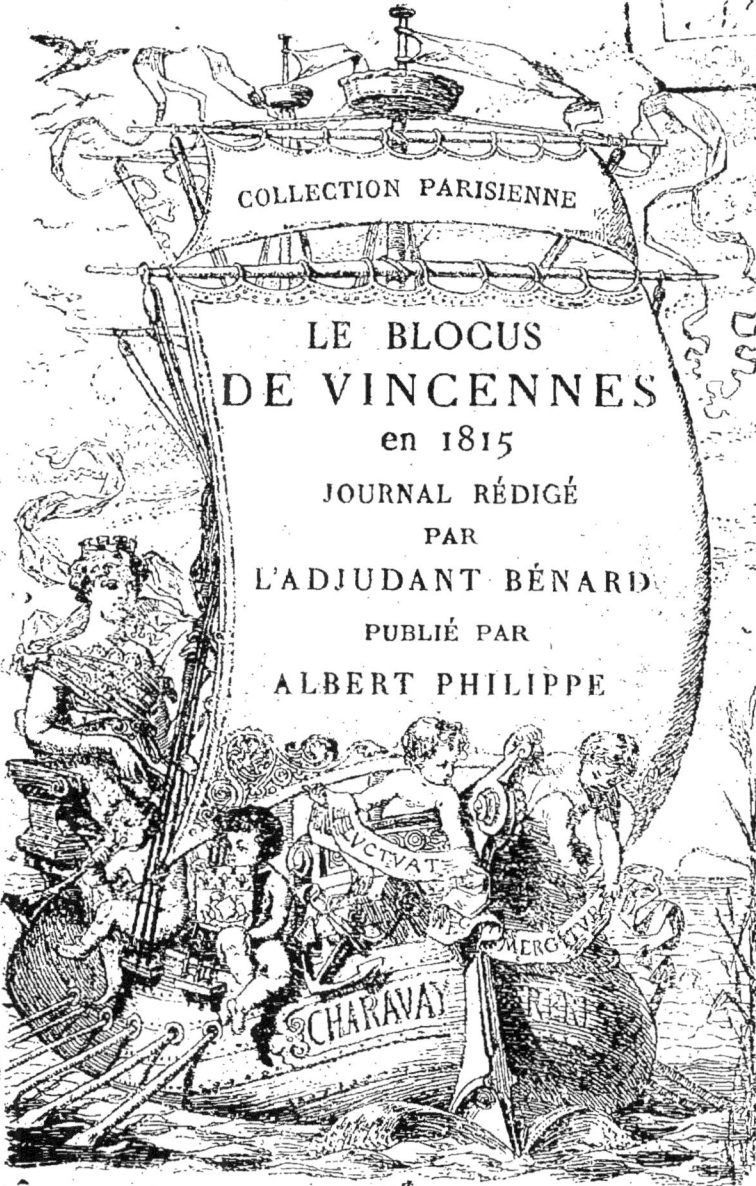

VCTVAT

MERGITVR

CHARAVAY

JOURNAL

DU

BLOCUS DE VINCENNES

juillet-novembre 1815

IL A ÉTÉ TIRÉ DE CE LIVRE

PAR GUSTAVE RETAUX A ABBEVILLE

TROIS CENT DOUZE EXEMPLAIRES

NUMÉROTÉS DONT

Douze exemplaires sur papier de Chine (Numéros 1 à 12). Trois cents exemplaires sur papier de Hollande (Numéros 13 à 312).

Numéro

COLLECTION PARISIENNE

LE BLOCUS
DE VINCENNES

en 1815

JOURNAL RÉDIGÉ

PAR

L'ADJUDANT BÉNARD

PUBLIÉ PAR

ALBERT PHILIPPE

LVCTVAT

MERGITVR

CHARAVAY

PRÉFACE

PRÉFACE

Le journal du blocus de Vincennes en 1815 a été rédigé par l'officier du génie Bénard, qui faisait partie de l'état-major de la garnison de cette place. L'auteur a donc été témoin, souvent même acteur de tous les faits qu'il raconte et sa relation, destinée sans doute au Ministère de la guerre, offre tous les caractères de la vérité.

Ce document m'a paru digne d'être connu. Dans un style dépourvu de toute recherche et avec une précipitation que trahissent du reste de nombreuses erreurs orthographiques qui ont été conservées pour laisser à l'auteur son originalité tout entière, l'officier du génie fait le récit jour par jour et heure par heure d'événements qui ont préoccupé la France et qui intéresseront peut-être les descendants de ceux qui ont connu les angoisses de cette époque de grandeur si cruellement évanouie.

Vincennes, pendant le cours des années 1814 et 1815, a eu deux fois à subir les tristes conséquences de l'invasion. En 1814, les armées alliées en firent le siége, et l'héroïsme de la garnison et de son chef illustra la mémoire de Daumesnil, le général *à la jambe de bois*. En 1815, le second siége que l'on redoutait se réduisit à un blocus étroit. Daumesnil commandait encore la place et l'on pourra se convaincre que si le canon est resté muet, si le sang n'a pas coulé, le gouverneur et la garnison, par leur attitude énergique et fière, ont rendu au pays un service signalé, de telle sorte que le blocus de 1815 est non moins glorieux que le siége de 1814 et que les noms associés de Vincennes et de Daumesnil évoqueront toujours un souvenir précieux pour le pays.

Est-il besoin de faire précéder cette relation d'une longue introduction et d'exposer de nouveau des événements historiques connus de tous et déjà si souvent et si complètement racontés ? Je ne le crois pas. Quelques mots suffiront pour faire connaître les circonstances qui, après les Cent jours, firent craindre un nouveau siége.

Lorsqu'après le désastre de Waterloo, Napoléon rentra à Paris, il était suivi par les armées alliées qui, refoulant devant elles les débris de nos troupes un moment ralliées par Grouchy, arrivaient dès la fin de juin 1815 devant la capitale. Déjà, le 22 juin, Napoléon avait abdiqué, le 25, il était conduit à la Malmaison et confié à la garde du général Becker ; il n'en devait sortir que pour aller en rade de l'île d'Aix, « se confier à la générosité des Anglais. » Les événements marchaient avec une rapidité extrême, et l'Empereur était encore à la Malmaison que Louis XVIII, le 9 juillet, rentrait pour la seconde fois dans la capitale. Les alliés étaient alors devant Paris et la situation leur causait certaines appréhensions. Napoléon avait abdiqué, il est vrai, mais en faveur de son fils, et les chambres avaient reconnu Napoléon II; les partisans du régime impérial ne négligeaient rien pour le conserver et faire réussir l'idée mise en avant par Lucien Bonaparte; l'armée restait attachée à son général trahi par la fortune et, bien que cruellement mutilée, ses débris inspiraient encore le respect. Exelmans ne venait-il pas de repousser jusqu'à Saint-Germain l'avant-garde des Prussiens de Blücher qui se disposait

à attaquer Paris par la rive gauche ? N'avait-on pas
réuni une véritable armée ramassée de tous côtés par
Davout qui la commandait ? De quoi n'étaient pas
capables ces soldats, excités par l'abdication de Napoléon, alors que le désir des souverains alliés était de
ramener une seconde fois les Bourbons à Paris ? On
comprit quelles difficultés pouvaient surgir de cette
situation. Il fallait que Louis XVIII pût entrer librement
dans sa capitale et on obtint de lui que l'armée française abandonnât Paris et se retirât derrière la Loire.

L'armée fut donc licenciée ; mais tout le matériel
dut être mis en lieu sûr et réservé pour les besoins
futurs de la France. Vincennes, la seule place forte
qu'il y eût aux environs de Paris, fut choisi comme
lieu de dépôt de tout le matériel de guerre qui n'avait
pas été évacué sur la Loire et on confia à la bravoure
bien connue du maréchal de camp Daumesnil la garde
d'une partie de la fortune du pays.

Dès le mois de juin, on prévoyait un siége et la
garnison commençait à prendre les précautions nécessaires. On mettait la place en état de défense, on
s'approvisionnait et on plaçait sous bonne garde cet
immense amas d'armes et de munitions dont le détail
est donné dans le Journal et « qui formait une partie
principale du matériel de l'artillerie. »

Mais les alliés, entrés eux-mêmes dans Paris dont ils enveloppaient l'enceinte, se montraient fort exigeants ; il leur fallait des garanties et ils voulaient s'emparer de Vincennes d'où ils pouvaient dominer Paris. Ils songèrent un moment à en faire le siége. L'attitude de la garnison et l'effet déplorable qu'eût produit le bombardement d'une place aussi proche de la capitale qu'ils occupaient les firent renoncer à leur projet. Une partie des troupes prussiennes occupait Nogent, Montreuil, Saint-Mandé, et dès le 8 juillet, le blocus fut formé ; des postes furent placés à toutes les issues conduisant à la place qui se trouva ainsi complètement isolée. Le gouverneur, de son côté, prit les dispositions qui pouvaient lui permettre de subir même un siége en règle et dès lors l'ennemi, qui s'efforçait de laisser la garnison dans l'ignorance des événements qui s'accomplissaient dans la capitale en arrêtant les lettres que Daumesnil adressait au ministre de la guerre et celles qui, de Paris, étaient destinées au gouverneur, somma à plusieurs reprises la place de se rendre. On devine quelle fut la réponse de Daumesnil. Celui qui en 1814 avait dit : « Si vous voulez avoir Vincennes, rendez-moi ma jambe », était prêt à tout plutôt que de capituler. Plusieurs jours s'écoulèrent ; la garnison ignorait quel était le pouvoir placé à la tête du pays. Après l'abdication de Napoléon, un gouvernement provisoire composé de cinq membres avait été constitué par les chambres et Daumesnil écrivit au chef de ce gouvernement pour l'inviter à lui faire connaître quel était le souverain reconnu par les puissances alliées. Sa lettre fut interceptée; il ne reçut que le 13 celle du général Gouvion-Saint-Cyr qui l'avisait « que Louis XVIII était rentré le 10 juillet dans « Paris, avait repris les rênes du gouvernement et « qu'il se rendrait coupable au plus haut degré en « faisant plus longue résistance. »

Immédiatement il fit savoir que la place se soumettait au roi; il arbora le drapeau blanc, mais n'en continua pas moins sa résistance aux exigences des alliés. S'il se rendait, en effet, tout le matériel emmagasiné à Vincennes tombait aux mains de l'ennemi et on perdait ainsi « ce dépôt qui dans les circonstances où l'on se « trouvait pouvait être considéré comme une ressource « suprême de la France. »

C'est bien là en effet la préoccupation qui, pendant toute la durée du blocus, a dominé l'esprit de l'héroïque défenseur de Vincennes. Pour s'en convaincre, il suffit de lire le récit des événements qui se sont déroulés à partir du 25 juillet.

Les souverains alliés avaient réglé entre eux et sans

la participation du pouvoir français qu'ils avaient reconnu, les formes que devait avoir leur occupation.
Ils avaient à eux seuls déterminé les régions de la
France où devaient être cantonnées leurs troupes, le
coût de leur entretien, toutes les questions enfin qui
étaient la conséquence de leur séjour prolongé dans
notre pays. Ils se bornèrent à faire part de ces con-
ventions au gouvernement français, le 24 juillet. Il
était dit dans ces stipulations que l'auteur du journal
appelle « une capitulation », que tout le matériel
d'artillerie et tous les fusils provenant du camp sous
Paris qui n'avaient pu être évacués sur la Loire de-
vraient être livrés.

Que pouvait faire le gouvernement ? Il fallait subir
la loi du vainqueur. Dès le 25 juillet, on avertissait le
gouverneur de Vincennes qu'il devait opérer entre les
mains des alliés la remise de tout le matériel dont il
avait la garde, après qu'il aurait été reconnu et in-
ventorié par des délégués français et étrangers. Daumesnil, malgré cet ordre, ne put se résoudre à faire un
aussi désastreux abandon.

Il avait fait placer dans les souterrains tout ce qui
constituait ce matériel réclamé par l'ennemi ; il l'y tint
caché, et le 6 août, lorsque la commission se présenta
dans la place pour reconnaître les armes et munitions,

il la fit entrer dans la première cour *seulement*. « On lui montra 87 pièces de canons en fer qui y étaient déposées et les fusils *les plus dégradés* qui se trouvaient dans la caserne en face le donjon. » La commission demanda à voir les munitions confectionnées provenant du camp sous Paris ; on la conduisit à un abreuvoir où on lui montra les débris de trente caissons dont on avait jeté le contenu à l'eau. On la laissa partir sans lui montrer autre chose.

Le 12, le gouverneur « reçut l'ordre de livrer aux commissaires français et alliés les canons, affûts, fusils et la poudre qu'ils étaient venus reconnaître le 6. »

Aussitôt Daumesnil fait transporter hors de la place : 87 canons en fer, 19,000 fusils *dont une partie non achevée, et l'autre à réparer,* 12 affûts *de divers calibres et de diverses espèces* et 7,500 kilogrammes de poudre à canon et à cartouches. Tout le reste est soigneusement conservé, et, les jours suivants, on voit les Russes, devenus propriétaires de ces dépouilles, enlever leurs fusils *non achevés ou à réparer,* pendant que Daumesnil conserve toujours son attitude énergique jusqu'au 15 novembre, jour où les troupes alliées, ayant abandonné leurs postes, le blocus fut considéré comme levé. Son but était atteint, le matériel confié à sa garde appartenait encore à la France.

C'est là le fait capital de la défense de Vincennes
en 1815. Daumesnil qui, par sa résistance, a ajouté une
belle et noble page à notre histoire, a rendu au pays
un service signalé, et ce n'est pas sans raison que le
rédacteur du journal a pu dire en terminant le récit
de ces événements : « La garnison eut le bonheur de
« conserver à l'État le dépôt qui lui avait été confié
« et qu'elle rendit intact. Elle eut à souffrir quelques
« privations, des inquiétudes morales, mais elle en
« reçut la récompense dans la douce satisfaction d'a-
« voir rempli son devoir. »

ALBERT PHILIPPE.

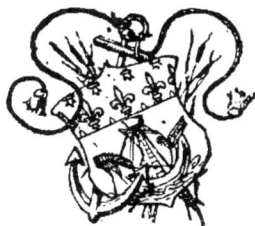

JOURNAL

DU BLOCUS

LE BLOCUS

DE VINCENNES

commencé le 9 juillet et levé

le 15 novembre 1815

❈

OPÉRATIONS PRELIMINAIRES

Dès le mois de juin on avait pu craindre que la place de Vincennes eût un siége à soutenir ; en conséquence, on sollicita et on obtint des approvisionnements pour 1000 hommes pendant trois mois.

Juillet, 1er. — On commença à délivrer les vivres de campagne à la garnison, forte alors de 1,402 hommes et 303 chevaux, composée ainsi qu'il suit, savoir :

  77 officiers,

 1325 sous-officiers et soldats,

  303 chevaux.

Du 1er au 5 les divers mouvements du grand parc d'artillerie ne permettant plus son cazernement dans la place, le forcèrent à bivouaquer sur les glacis, jusqu'au 5, jour de son départ pour la Loire.

Pendant ce même temps le génie s'occupa des divers travaux de défense ; les portes, poternes et pont-levis furent mis en état ; les baies des magasins à poudre bouchées par des sacs à terre ; on fit l'abattis des arbres du parc sur le front est à une distance de 200 toises de la place ; on établit une traverse en charpente crénelée à partir de l'angle de la contrescarpe du bastion des réservoirs, jusqu'à la maison d'angle du village, pour fermer cette entrée du parc ; on continua les traverses intérieures sur la contrescarpe du donjon et on traça une ligne de démarcation à 400 toises du rayon de la place, dans la campagne et dans le parc.

L'artillerie monta les pièces et les approvisionna.

Le 2. — Le gouverneur fit assembler tous les officiers de toutes armes et leur fit la lecture d'une lettre qu'il venait de recevoir du Gouvernement provisoire dans laquelle on l'invitait « de ne rendre la place qu'au gouvernement « français que les puissances alliées auront « reconnu, et qu'au cas de tentatives d'hostili- « tés de leur part pour s'emparer d'un dépôt « aussi précieux pour la France que celui que « renferme cette place, qu'il devra la défendre « jusqu'à la dernière extrémité ».

Le même jour, les ouvriers pontonniers de l'ex-garde, les ouvriers d'artillerie, le 4e régiment d'artillerie à pied, le 8e escadron du train et les dépôts des 6e et 8e escadrons du train sortirent de la place et allèrent bivouaquer sur les glacis.

Les canonniers invalides, 4 compagnies du 8e régiment d'artillerie à pied et le 2e bataillon de la garde nationale du département du Cher sont arrivés pour les remplacer.

Les 4 et 5. — On reçut dans la place, du camp sous Paris, tous les objets tant d'artillerie que du génie qui ne purent être évacués sur la Loire.

Dans la nuit des susdits jours, on commença le grand mouvement d'évacuation sur la Loire, qui se termina le 5 au soir.

Le 7. — Les 4 compagnies du 8e régiment d'artillerie à pied et le bataillon de la garde nationale du département du Cher partirent.

Ils furent remplacés le même jour par les 2e et 7e compagnies des fusiliers vétérans et les 3e et 4e de sous-officiers idem. La garnison se trouva complette et la place livrée à ses propres forces.

DÉTAILS RELATIFS A LA FORCE DE LA GARNISON, A L'ARMEMENT DE LA PLACE ET A SES APPROVISIONNEMENTS A L'ÉPOQUE DU HUIT JUILLET AU SOIR.

La garnison était composée de :

État-Major.

MM. le baron Dauménil, maréchal de camp, gouverneur.

Daribeau, aide de camp.

Vareliaud, colonel, commandant en second.

Toutau, adjudant de place.

Argond, idem.

Thirion, idem.

Dorigny de Vauchemin, commissaire des guerres.

Delaneau, adjoint.

Guirault, chirurgien-major.

Argont fils, secrétaire de place.

Darche, portier consigne.

Houdin, portier consigne.

Artillerie.

MM. Dérivaux, major, comman-
dant l'artillerie.
Devarennes, capitaine en
résidence.
Pelou, capitaine.
Bouree, capitaine, chargé
des fusées à la congrève.
Mennechet, garde.
Joly, garde.
Boutillier, garde.

Génie.

MM. Bénard, adjudant, rempla-
çant M. le capitaine Le-
maître.
Cuffault, sergent des sapeurs
pompiers.
Maurice, concierge du quar-
tier de cavalerie.
Dufour, concierge du quar-
tier d'infanterie.
Midaux, concierge du donjon.

Employés.

MM. Canis, conservateur des vivres, et deux employés,
5 chirurgiens.

TROUPES.

	Officiers.	Sous-officiers et soldats.
Canonniers invalides	3	142
Vétérans	26	760
6ᵉ régiment d'art. à pied	7	60
Canonniers retraités	9	12
	45	974

Artillerie en batterie le 8 juillet au soir :

Front nord, 11 pièces de différents calibres.
Front est, 9 pièces et obusiers idem.
Fronts sud et ouest, 14 pièces et obusiers.
Front nord, 8 pièces et mortiers.
Front est, 9 mortiers.
Front sud, 4 mortiers.
Total général, 55 bouches à feu.

On verra dans le détail du blocus que l'armement de la place a été beaucoup augmenté depuis le 8 juillet, ainsi que l'indiquera un nouvel état, et qu'on avait placé sur la galerie du donjon un chevalet pour lancer des fusées à la congrève.

APPROVISIONNEMENS.

Les vivres calculés pour 90 jours consistaient en :

Farine,   561 quintaux.
Riz,   17   id.
Légumes secs,   35   id.
Eau de vie,   3100 litres.
Vin,   23190 id.
Vinaigre,   1540 id.
Sel,   37 quintaux.
Viande sur pied, 45 bœufs,   204 id.
Salé net,   82   id.
Bois pour les fours et cuisines, 231 stères.

ORDRE DE SERVICE.

Le gouverneur avait ordonné qu'en vertu de la loi, le conseil de défense fût formé; il fut composé de MM :

Le gouverneur, président.
Varéliaud, commandant en second.
Dérivaux, major, commandant l'artillerie.
Devarennes, capitaine d'artillerie.
Bénard, adjudant du génie.

Le Clerc, cap. com. la 4ᵉ comp. des ⎫
Chenevier,   id.   3ᵉ   id.   ⎪
de la Salle,   id.   7ᵉ   id.   ⎬ fusiliers vétér.
Chenal,   id.   2ᵉ   id.   ⎪
Thorez,   id.   3ᵉ   id.   ⎭

Chevalier, capitaine commandant les canonniers invalides.

Le 8 juillet, le conseil s'assembla et arrêta le
mode de service à suivre pendant la durée du
siége et la répartition des troupes sur les points
de deffense.

Détails du logement de chaque corps et motifs de l'emplacement qui lui fut assigné.

Au pavillon du roi :

70 canonniers dont 40 invalides et 30 de la
18ᵉ compagnie du 6ᵉ régiment d'artillerie à
pied pour le service des pièces et obusiers des
arcades du front sud, celles du bastion dit :
cour du roi, celles séparant la cour royale et le
donjon (dans l'arcade de la galerie) et celles du
bastion dit : tour de la reine.

Au pavillon de la reine :

La 2ᵉ compagnie des fusiliers vétérans pour les lignes de feu d'infanterie d'une partie des courtines du front est.

Au donjon :

La 3ᵉ compagnie des sous-officiers vétérans pour le poste d'observation du sommet dudit, pour la garde des fusées à la congrève, pour les lignes de feu d'infanterie des créneaux de la galerie couverte sur le mur d'enceinte, pour celles du front ouest et celles de la courtine de gauche du front nord.

A la cazerne, en face le donjon :

La 4ᵉ compagnie des sous-officiers vétérans pour les postes d'observation des tours principales et du réservoir, pour les lignes de feu d'infanterie de la courtine de droite du nord et d'une partie de celles du front est.

A la caserne adossée au rempart :

30 canonniers de la 18ᵉ compagnie du 6ᵉ régiment d'artillerie à pied, pour le service des pièces du bastion de la tour de Paris ;

13 canonniers retraités pour celles des deux embrasures au sol intérieur de la place dans le mur d'escarpe des deux courtines du front nord.

Dans les bâtiments de droite et de gauche sur la rue :

102 canonniers invalides pour le service des pièces des bastions de la tour principale et du réservoir, de celles des embrasures pratiquées dans le mur d'escarpe du front est et pour celui des mortiers placés sur les remparts (ou courtines) des fronts nord, ouest et est. .

100 vétérans pris dans les diverses compa. gnies, servant de piquets et bivouaquant entre ces deux bâtiments.

Les officiers étaient logés dans les divers bâtiments, à portée de leur troupe.

Chaque pièce était gardée la mèche allumée et prête à être servie.

PRÉCAUTIONS PRISES ET LEURS MOTIFS.

Hôpital et magasins aux vivres :

On établit l'hopital et la pharmacie dans

la moitié du rez-de-chaussée et dans le premier étage de la cazerne près le réservoir.

On fit les magasins aux vivres dans l'autre moitié du rez-de-chaussée de cette cazerne et dans une partie de celui des bâtiments des offi. ciers.

On disposa les fours et on manutentionna.

Le commandant du génie tenait toujours le réservoir plein.

Les pompes du puits en face le donjon ont été mises en état pour suppléer au réservoir qui est alimenté par les eaux venant de Montreuil au moyen de conduites souterraines, en cas de privation de ces eaux.

Mesures prises contre l'incendie.

Les pompes à incendie et tous leurs agrets ont été mis en très bon état.

Le gouverneur affecta 20 vétérans des plus intelligents à l'officier du génie, pour le service des dites pompes, qu'il exerça à cette manœuvre.

L'artillerie mit à sa disposition 150 tonneaux qu'il fit placer au pourtour des divers bâtiments et emplir d'eau chaque jour en cas d'incendie.

Placement des postes avancés.

Un poste de 15 hommes sur la route de Paris, qui fournissait les factionnaires à 400 toises de la place, tant sur cette route que sur les chemins qui l'avoisinent dans la campagne.

Un idem de 20 hommes au bout du village de Vincennes côté de Paris, qui fournissait les factionnaires à 400 toises et sur les grands et petits chemins dans la campagne.

Un idem de 20 hommes, côté de Montreuil, qui fournissait les factionnaires à 400 toises sur les grands et petits chemins dans la campagne.

Un idem de 15 hommes au bout de ce village, côté de Fontenay, qui fournissait les factionnaires à 400 toises sur les grands et petits chemins dans la campagne et sur les routes du bois conduisant audit village.

Un idem de 20 hommes à l'extérieur de la porte du bois à l'angle nord-est de la place, qui fournissait les factionnaires à 300 toises dans le bois sur les routes conduisant à Nogent, aux Minimes et à Saint-Maur par la Piramide.

Un idem de 30 hommes en avant de la porte sud de la place, qui fournissait les factionnaires à 300 toises sur l'Esplanade et à toutes les routes du bois y adjacentes.

Un idem de 30 hommes à 300 toises de cette porte, en face de l'angle sud-ouest de la contrescarpe de la place, qui fournissait les factionnaires à 250 toises dans toutes les grandes et petites routes depuis cette esplanade jusqu'à l'angle du mur du petit parc en face l'ancien étang de Saint-Mandé.

Un idem de 15 hommes sur le glacis du front nord de la place pour la garde de ce front et d'une partie de celui est.

Un idem de 15 hommes sur le glacis du front sud, pour la garde de ce front et de l'autre partie de celui est.

Un idem de 15 hommes dans le corps de garde derrière la poterne à l'extrémité du donjon pour la garde du front ouest.

Ainsi toutes les routes, grands et petits chemins qui aboutissent au village et à la place de Vincennes étaient gardés, tant dans le bois que dans la campagne.

Fermeture des ponts-levis.

On ferma les portes et on leva tous les ponts-levis à l'exception de la planchette de la tour principale qui était réservée pour le service de pied de la garnison. Ceux de la porte sud et de la poterne à droite du donjon se levaient tous les jours deux fois pour le besoin des postes des glacis.

Motifs.

Ces détails étaient d'autant plus importants à bien remplir et à bien surveiller, que d'eux dépendait la sûreté de la place confiée à la fidélité d'une faible garnison. On ne pouvait pas calculer si les alliés formeraient un siège ou un blocus; dans le premier cas, il fallait être en mesure de repousser la force par la force; dans le second, d'opposer la patience et l'adresse à leur obstination et à leurs astucieuses demandes.

Indépendamment du devoir qu'avait à remplir la garnison en défendant la place, elle en avait un autre plus important peut-être encore, la conservation du dépôt confié à sa bravoure. Ce dépôt, dans les circonstances où l'on se trouvait, pouvait être considéré comme une ressource majeure pour la France. C'était un amas d'armes et de munitions qu'on n'avait pas eu le temps d'évaluer et qui formait une partie principale du matériel d'artillerie.

Car, outre les pièces en batterie détaillées ci-dessus, Vincennes renfermait encore :

Au total :

        518 bouches à feu,
        180 affûts,
        181 caissons,
         10 forges de campagne,
         54 chariots de munitions,
         30 pontons en cuivre sur haquets,
         10 haquets de rechange de bateaux,
    157,933 boulets,
     36,829 obus, dont 10,000 chargés,
         70 bombes,
      1,800 bombettes,

79,500 kilogrammes de poudre de guerre,
1,000,000 pierres à feu,
50,000 cartouches à canon,
50,000 cartouches d'infanterie,
1,000 fusées à la congrève,
53,350 fusils, dont 36,000 étrangers,
59,000 sabres,
1,850 cuirasses.

3,299 pelles rondes,
1,478 pelles carrées,
2,900 hoyaux,
2,353 pics à hoyaux,
2,005 pics à roc,
104 pics à tête,
2,545 haches,
2,503 serpes,
90 scies,
872 brouettes.

} Génie.

Nota. — Il existait en outre beaucoup d'outils et ustensiles d'art qui sont trop nombreux pour être détaillés.

Toutes les mesures de défense proposées dans le conseil ayant été approuvées et cha-

cun des membres connaissant l'importance des
devoirs qu'il avait à remplir, s'unirent de zèle
pour en assurer l'exécution. Les troupes le
partagèrent et pendant un espace de 129 jours
on n'eut à punir dans les soldats que des fautes
ordinaires de discipline et nullement relatives
au service de la défense. On ne formait qu'un
vœu, de rendre la place au Roi telle qu'on
l'avait reçue. Ce vœu fut exaucé.

DÉTAILS DU BLOCUS.

Juillet, 8. — Le 8 juillet au soir, l'artillerie
et le génie commencèrent les travaux pour
augmenter les deux batteries des traverses
construites sur la contrescarpe du donjon,
composées alors de 4 pièces, pour en mettre
un plus grand nombre.

9. — Le 9, on continua les dits travaux.
Comme on voyait que les environs de la place
allaient être investis par les troupes alliées,

qu'on n'avait ni le temps ni d'endroit susceptible de recevoir et de mettre à l'abri 40 caissons de munitions envoyés le 8 qui restaient déposés dans le milieu de la cour royale, on en fit jeter 30 dans l'eau de l'abreuvoir et rentrer les dix autres dans les souterrains des tours principales qui étaient déjà beaucoup encombrés. On entra également dans le donjon plusieurs voitures de poudre qui avaient été envoyées le même jour.

A dix heures du matin, les factionnaires qui avaient été placés la veille à l'avancée du village de Vincennes sur la route de Paris, à l'angle du petit parc, aperçurent entre la barrière du Trône et la Tourelle, un fort détachement de cavalerie qui se dirigeait vers le village de Vincennes; un soldat du poste avancé vint en prévenir de suite l'officier de service de celui de la porte principale de la place. Un des adjudants se transporta jusqu'à ce poste avancé à l'effet de reconnaître cette cavalerie. Il vint au bout d'un instant un officier prussien accompagné d'un trompette qui précédait de loin le

détachement. En arrivant au premier factionnaire, le trompette sonna et fit reconnaître que
l'officier qu'il accompagnait était un parlementaire. L'adjudant l'aborda; il demanda à parler
au gouverneur. Pendant ce temps le détachement s'approcha jusqu'à la distance de 400
toises de la place et s'arrêta, d'après la défense
que lui fit le poste avancé qui avait pris les
armes. Un instant après, le commandant en
second vint reconnaître et recevoir le parlementaire qui lui dit qu'il venait au nom du
maréchal prince de Blücher sommer le gouverneur de lui rendre la place. Il lui répondit
qu'on ne la lui rendrait pas et l'invita très
nettement à se retirer et à faire rétrograder le
détachement jusqu'à la distance de 500 toises,
que, dans le cas contraire, on allait tirer des-
sus. Ce parlementaire, ainsi que le détachement
qui avait fait halte pendant le pourparler, se
retirèrent à la distance prescrite, et au bout
d'un instant, il revint une seconde fois pour
parlementer. On alla en prévenir le gouverneur
qui monta de suite à cheval accompagné de son

aide de camp et d'un détachement de la garnison, alla reconnaître ce parlementaire et lui réitéra ce que le commandant en second lui avait déjà dit.

Immédiatement après, le commandant prussien retira ses troupes et fit placer des vedettes en grand nombre, en avant des factionnaires de la place et des avant-postes de toutes parts. Le gouverneur fit doubler tous les postes, et le blocus fut définitivement formé. Tous les postes avancés de la place et ceux des alliés étaient donc en présence et toutes les issues de cette place et du village étaient défendues dans le rayon de 400 toises au pourtour.

Jusqu'à deux heures après midi, on parlementa très fréquemment. A deux heures et demie, on aperçut deux bataillons d'infanterie prussienne qui arrivaient aux redoutes de la Tourelle. La cavalerie avait déjà pris position à Saint-Mandé. L'un de ces bataillons se dirigea sur ce village et l'autre sur Montrouge par la grande route sous Charonne. A la suite de ces deux bataillons, arriva un escadron de lanciers prussiens pour renforcer les postes et un train d'artillerie, qui se divisa en deux parties dont l'une se dirigea sur Saint-Mandé et l'autre sur Montreuil.

A trois heures, M. le gouverneur, accompagné de son aide de camp, retourna aux avant-postes des alliés ; on le conduisit à l'état-major du général prussien commandant les troupes du blocus qui siégeait à la maison de terre près la Tourelle. Après un pourparler d'environ une demi-heure, il rentra dans la place et les avant-postes, de part et d'autre, gardèrent leurs positions respectives.

Les alliés occupaient déjà les villages de Montreuil et Saint-Mandé et tous les environs de la place de Vincennes.

A quatre heures, les alliés ont établi deux batteries de ensemble 4 pièces de 12 et 2 obusiers, près la maison de terre, dirigées sur la place. Dès ce moment personne ne put passer aux divers postes, pas même la poste aux lettres.

Le 10. — Le 10, les deux traverses sur la contrescarpe du donjon étaient élevées jusqu'à la hauteur de la genouillère des embrasures et pendant une partie de la journée on en commença les joues avec des sacs à terre et quelques gabions.

On plaça sur la galerie du donjon un chevalet pour lancer des fusées à la congrève et 4 mortiers pour envoyer des bombes.

On mit en batterie 2 pièces de 6 dans les baies du corridor et sur le palier du 1er étage du pavillon du Roi du côté de Saint-Mandé.

On fit des banquettes au soubassement des arcades du dit pavillon qui flanquent le fossé du donjon pour la fusillade et on y déposa un bon nombre d'obus chargés pour jeter dans le dit fossé en cas d'insulte, et des lances en suffisante quantité en cas de tentatives de l'assaut de ce côté.

A six heures du matin un officier prussien est venu faire la même sommation que celui de la veille; on lui a fait la même réponse.

A sept heures, il en revint un second avec une lettre qu'il fit remettre au gouverneur, dans laquelle on lui réitérait la sommation de la reddition de la place; qu'on persistait dans la demande qu'on faisait; qu'on la voulait et qu'on l'aurait. Malgré beaucoup d'autres menaces, un refus positif fut la réponse du gouverneur.

A sept heures et demie, le gouverneur envoya à Paris le commandant en second auprès du général commandant en chef les troupes de S. M. le roi de Prusse. Les postes des alliés le firent accompagner. Ce général lui dit qu'il tenait toujours à avoir la place de Vincennes et que, si on voulait la rendre sans résistance, on jouirait des mêmes prérogatives que l'armée française; qu'on accorderait trois jours à la garnison pour évacuer cette place, se mettre en marche, emporter avec elle ses bagages et aller rejoindre l'armée de la Loire. Mais que, dans le cas contraire, la place étant prise de vive force, la garnison subirait le sort de la guerre.

Le commandant en second fut de retour à une heure.

A deux heures, le gouverneur fit assembler le conseil de défense.

A trois heures, le conseil arrêta qu'on inviterait le gouverneur à adresser une lettre au général prussien commandant les troupes du blocus dans laquelle on le supplierait de donner un de ses officiers pour conduire un officier de la place à Paris qui retournerait auprès du général commandant en chef les troupes de S. M. prussienne.

A trois heures et demie, les alliés coupèrent les eaux venant de Montreuil, qui alimentent la place.

A cinq heures et demie, le gouverneur fit partir un de ses adjudants pour porter la lettre au général commandant les troupes du blocus et une qu'il devait porter à Paris au général commandant en chef dans laquelle il lui rappelait les instructions qu'il avait reçues le 2 du gouvernement provisoire; qu'il le suppliait de vouloir bien lui indiquer le gouvernement français que les puissances avaient reconnu; qu'on s'en référait à lui et que la place était prête à s'y soumettre.

Lorsque cet adjudant se présenta aux avant-postes des alliés, on le conduisit à Saint-Mandé auprès du général qui commandait le blocus qui ne voulut pas le recevoir et empêcha que sa lettre ne parvînt à Paris au général en chef auquel elle était adressée. Il dit à cet adjudant, qui lui avait fait part de son contenu, que l'on ne devait pas connaître d'autre gouvernement que celui qu'ils avaient institué et qui était administré par eux; qu'ils persistaient toujours à s'emparer de la place. Il ajouta qu'elle n'avait de vivres que pour trois ou quatre jours, qu'ils l'affameraient et même qu'ils venaient de lui couper les eaux; mais il se chargea de sa lettre.

Cet adjudant voyant sa mission sans succès revint en rendre compte au gouverneur qui le renvoya de suite. Il revint une demi-heure après sans rien avoir obtenu que des menaces d'hostilités contre la place.

Le gouverneur voyant que les démarches qu'il faisait faire étaient infructueuses et que l'attaque de la part des alliés était prochaine en prévint le maire de Vincennes, qui envoya à Saint-Mandé auprès du général prussien qui commandait les troupes du blocus une députation, pour le prier de donner le temps aux habitants de ce village d'évacuer leurs maisons et d'emmener leurs bestiaux.

A huit heures et demie, ce maire envoya deux officiers de la garde nationale qui n'étaient pas de retour au lever de la planchette de la porte principale (seul passage réservé pour le service de la place).

A huit heures et demie, le gouverneur ordonna qu'à compter de cette nuit, les troupes de la garnison fussent mises en ordre de bataille; que les soldats qui occupaient le rez-de-chaussée des deux bâtiments de droite et de gauche mettraient leurs fusils en faisceaux et bivouaqueraient toute la nuit entre ces deux bâtiments; que le matin à trois heures lorsqu'on battrait la diane, les compagnies qui étaient disséminées dans les divers autres bâtiments pour les lignes de feu d'infanterie prendraient les armes et se rendraient à leur poste; que les canonniers iraient chacun aux pièces qui leur étaient désignées pour le service et seraient prêts à manœuvrer au premier signal.

Cet ordre fut exécuté jusqu'au lever du blocus.

Pendant la nuit, on entendit les alliés qui commençaient des travaux du côté de Saint-Mandé.

Le 11. — Le 11 à quatre heures du matin, les postes d'observation de la plate-forme du donjon et du sommet de la tour dite du Roi virent que les alliés avaient fait des travaux. Ils en firent prévenir le gouverneur qui, accompagné de l'officier du génie, monta sur le sommet de cette tour. Ils virent, au moyen d'une lunette, que les alliés avaient pratiqué des embrasures à mi-côte du mamelon qui couronne la rive gauche de l'ancien étang de Saint-Mandé, qui leur servait d'épaulement et qu'ils y avaient mis en batterie plusieurs pièces de gros calibre, des obusiers et des mortiers pour attaquer la place sur le front ouest. Ils virent aussi que les alliés apportaient derrière le mur d'enceinte du petit parc, en face de cet étang, un grand nombre d'échelles qu'on a su depuis qu'ils avaient requises dans les villages voisins, pour tenter l'assaut.

On redoubla d'activité pour la construction des deux traverses sur la contrescarpe intérieure du donjon. On commença à mettre sur leur affût trois pièces de 12 et deux de 24 jointes à celles qui armaient primitivement les dites traverses pour combattre les pièces des alliés qui se dirigeaient toutes de ce côté.

A dix heures du matin, un parlementaire se présenta aux avant-postes pour savoir si le gouverneur était toujours dans les mêmes intentions. On l'en assura.

A deux heures, il en vint un second qui invita le maire de Vincennes à prévenir les habitants qui restaient dans ce village, d'évacuer leurs maisons et d'emmener leurs bestiaux vu qu'à six heures un bombardement très vigoureux allait commencer sur la place.

Cette évacuation commença à deux heures et demie et se termina à cinq. La fuite précipitée des hommes, femmes, enfants et bestiaux représentait le tableau le plus déplorable.

A cinq heures et demie, on battit la générale. Toute l'infanterie de la garnison prit les armes et se rangea sur tous les fronts en ordre de bataille. Les canonniers coururent chacun à leur pièce prêts à tirer au premier signal.

A six heures, voyant que les alliés faisaient un mouvement et que leurs postes se rapprochaient, on sortit par les deux portes principales; on alla jusqu'à eux. A l'approche des détachements de la garnison, ils rétrogradèrent. Là on se rangea en bataille. Le gouverneur fit demander le général prussien qui commandait le siège. Comme il était absent, un colonel s'y rendit accompagné de plusieurs officiers. Le gouverneur lui dit que s'il faisait dépasser à ses troupes la ligne de démarcation, que s'il ne rendait pas les eaux qu'il avait retirées à la place, que s'ils continuaient leurs travaux d'attaque, que le lendemain il les mitraillerait. Ce colonel lui donna sa parole d'honneur et lui jura, foi de colonel prussien, que sa demande serait octroyée et qu'il s'estimait très heureux d'avoir affaire à un homme aussi brave et aussi franc que lui.

La nuit se passa tranquillement. Les postes

de part et d'autre, occupaient toujours leurs positions respectives.

Le 12. — Le 12, on termina le travail des traverses sur la contrescarpe intérieure du donjon et on finit de monter les pièces et obusiers mentionnés dans la journée du 11.

On commença à monter des obusiers et leurs affûts, sur les courtines des quatre fronts de la place, pour mettre en batterie dans les redans au-dessus des contre-forts de l'escarpe.

A quatre heures du matin, l'officier du génie s'aperçut que l'eau revenait au réservoir, et de la plate-forme du donjon, il vit, une demi-heure après, que les alliés retiraient les pièces qu'ils avaient mises en batterie la veille au mamelon qui couronne la rive gauche de l'étang de Saint-Mandé et les rentraient dans le village par la porte dite du Bel-Air.

Jusqu'à midi, tout fut tranquille et les postes, de part et d'autre, occupaient toujours leurs positions respectives.

Aussitôt après, on aperçut les postes des alliés se rapprocher et venir à leur suite plusieurs détachements.

4

On battit la générale et on sortit par les deux portes principales pour les faire rétrograder.

A leur approche, on trouva sur la route de Paris un officier prussien qui venait parlementer. Il somma de nouveau le gouverneur de rendre la place, en disant qu'elle n'était pas tenable et qu'après toutes réflexions faites, le gouverneur devait bien le penser et y faire attention, et que puisqu'il persistait toujours à faire résistance, il allait attaquer.

Le gouverneur lui répondit qu'il l'attendait de pied ferme ; mais qu'il se rappelât que c'était à des Français qu'il allait avoir à faire, que tous étaient disposés à mourir pour le soutien de leur honneur et non à se rendre lâchement à des étrangers ; que la patience de la garnison était à bout et qu'elle voulait attaquer depuis plusieurs jours ; qu'en conséquence, il se disposât lui-même à répondre.

Pendant ce pourparler, un officier prussien se détacha de l'état-major ; les troupes alliées firent un mouvement, chacune de part et d'autre

se tinrent sur la défensive et les choses en restèrent là, vu que le gouverneur ne voulait pas
attaquer.

A quatre heures du soir, voyant que rien ne
se décidait, le gouverneur, après avoir consulté
le conseil, envoya son aide de camp aux avant-
postes des alliés pour obtenir la permission
d'aller à Paris, auprès de S. Exc. le ministre
de la guerre, pour savoir définitivement à qui
on avait affaire. Il obtint cette permission. Son
Excellence lui demanda si le gouverneur avait
reçu une lettre d'elle en date du 10; il lui répondit que non. On est allé de suite à l'état-
major du général commandant en chef les armées prussiennes; là on a reconnu que cette
lettre avait été retenue, en disant qu'on avait
oublié de l'envoyer. On demanda à ce général
la lettre du gouverneur adressée à Son Exc. le
ministre de la guerre, datée du 10, qui avait été
remise au général commandant le siège; on a
répondu qu'on n'en savait rien. On remit à
l'aide de camp un double de la lettre de Son
Exc. qu'on aurait dû recevoir le 10 à la place.

Le 13. — Le 13, à trois heures du matin, le gouverneur fut prévenu par le poste d'observation de la tour du pavillon du Roi, que les alliés avaient remis en batterie les pièces qu'ils avaient retirées la veille, d'après la promesse du colonel prussien.

On continua de monter des 'obusiers sur les courtines.

A six heures, le conseil s'assembla; on fit lecture de la lettre de Son Exc. le ministre de la guerre qui était ainsi conçue :

« Paris, le 10 juillet 1815.

« Général,

« Vous ne devez pas ignorer que Sa Majesté « Louis XVIII est rentrée dans sa capitale aux « acclamations de tout le peuple et qu'Elle a « repris les rênes du gouvernement. Vous vous « rendriez coupable au dernier degré, si vous « faisiez plus longue résistance.

« Recevez, etc.

« Le ministre de la guerre,
« Signé : GOUVION-SAINT-CYR. »

Le conseil arrêta et signa que, vu la lettre

ci-dessus, on invitait le gouverneur à envoyer auprès de Son Excellence un officier pour prendre ses ordres et la prévenir que la place se soumettait à Sa Majesté.

Le gouverneur y envoya son aide de camp qui porta la délibération du conseil, signée par chacun des membres et de lui. Cet aide de camp partit à dix heures, et revint à deux heures de l'après-midi, accompagné d'un aide de camp du général Dupont, qui apporta au nom de Son Excellence l'ordre d'arborer le drapeau blanc. Cet aide de camp était venu pour la même mission, les jours précédents, aux avant-postes des alliés; mais ils ne voulurent pas le laisser passer.

A quatre heures, l'officier du génie s'aperçut que les eaux étaient encore une fois coupées. Il fut en rendre compte au gouverneur.

Le reste de la journée et la nuit se passèrent tranquillement; les postes gardèrent toujours leurs positions respectives.

Le 14. — Le 14, l'artillerie a eu terminé de monter les obusiers sur les courtines.

A trois heures du matin, le gouverneur fit faire et poser un drapeau blanc sur la plate-forme du donjon.

A quatre heures, on s'aperçut de cette plate-forme que les alliés retiraient les pièces, obusiers et mortiers, qu'ils avaient en batterie au mamelon de l'ancien étang de Saint-Mandé et les rentraient dans ce village par la porte dite du Bel-Air, ainsi que leurs caissons de munitions ; mais ils gardèrent toujours leurs batteries quoique désarmées.

A dix heures, le gouverneur envoya le major commandant l'artillerie et son aide de camp auprès du général prussien qui commandait le siège, pour savoir pourquoi on avait coupé les eaux.

A onze heures, un capitaine prussien se présenta aux avant-postes de la place qui étaient sur la route de Montreuil en avant du village de Vincennes, pour faire prévenir le gouverneur qu'il pouvait envoyer quelqu'un pour remettre les eaux sur leurs conduites ; que celui qui en serait chargé serait respecté et protégé.

A midi, les alliés permirent aux habitants de Vincennes qui se trouvaient en grand nombre depuis plusieurs jours à leurs avant-postes, de rentrer dans leurs foyers et de retourner à Paris à leur volonté; les militaires de la garnison et la poste aux lettres étaient exceptés de cette liberté. Il était très expressément défendu par les alliés à ceux qui allaient et venaient, d'apporter à ce village ou des comestibles ou des munitions. Les vedettes alliées fouillaient les voitures et les paquets des personnes de pied; celles qui n'appartenaient pas à ce village ne pouvaient y entrer, vu que le gouverneur avait fait placer des gardes nationaux aux divers postes pour les reconnaître.

A deux heures après-midi, l'officier du génie reçut l'ordre du gouverneur d'aller au premier regard sur la route de Montreuil où l'on disait que l'eau avait été arrêtée. Il y alla avec un plombier qu'il avait retenu dans la place en cas de perte d'eau. Un soldat des postes de la place les conduisit au premier poste des alliés qui les conduisirent audit regard. En arrivant ils virent

la porte brisée quoique fermée, le tuyau qui
conduit l'eau à la place bouché et l'eau s'en aller
en décharge dans la campagne par celui qui sert
à dégager le trop plein de la cuvette de jauge.
Ils remirent l'eau sur le conduit. Voyant qu'elle
n'arrivait pas suffisamment, ils demandèrent à
l'officier la permission d'aller jusqu'à Montreuil,
au premier regard. Cette permission leur fut
accordée; l'officier du poste prussien, qui se
trouvait positivement en face de ce regard, leur
en ouvrit la porte et ils remirent vingt-sept
bouchons aux trous de la cuvette, qu'on avait
retirés, ce qui perdait l'eau. Après cela, elle
venait à la place en suffisante quantité.

Il existait à cette époque dans ce village
600 hommes d'infanterie et 400 de cavalerie qui
étaient spécialement chargés du blocus.

Le même nombre et beaucoup de canonniers
existaient à Saint-Mandé.

L'après-midi et la nuit se passèrent tranquillement; les postes gardèrent toujours leurs positions respectives.

15. — L'armement de la place fut définiti-

vement achevé. L'état ci-contre indiquera les bouches à feu qui se trouvaient en batterie à cette époque.

Bouches à feu en batterie dans la place ledit jour.

49 canons sur les divers fronts,

32 mortiers,

Plus 1 chevalet pour lancer les fusées à la congrève qui étaient montées sur la galerie du donjon,

400 obus prêts à jeter dans les fossés dudit donjon en cas d'insulte.

16. — Rien de nouveau.

17. — Les alliés ont conduit à Montreuil 4 pièces de 12 et 2 obusiers.

Du 18 au 20. — Rien de nouveau.

21. — La poste aux lettres put passer. La consigne pour les militaires de la garnison et pour les comestibles était toujours la même.

22. — Les alliés manœuvraient beaucoup dans la campagne.

23. — Ils passèrent une revue dans la plaine de Bercy, composée de plusieurs ba-

taillons d'infanterie et escadrons de cavalerie.

24. — Rien de nouveau.

25. — A midi, on fut informé que les alliés demandaient qu'on leur remît le matériel d'artillerie qu'on n'avait pu évacuer sur la Loire, provenant du camp sous Paris, ainsi que les fusils qui provenaient des divers ateliers de cette capitale, vu, disait-on, qu'ils devaient leur appartenir en vertu de la capitulation et que des commissaires français et alliés seraient nommés d'office et viendraient en faire la reconnaissance d'après l'état qui serait dressé par le commandant d'artillerie de la place. On fit cet état et on l'envoya à Paris.

Du 26 au 28. — Rien de nouveau,

29. — A dix heures du matin, un officier prussien se présenta aux avant-postes de la place; il demanda à parler au gouverneur qu'on fit demander de suite. Cet officier lui demanda à loger 600 Prussiens dans le village de Vincennes. D'après le refus du gouverneur, il se retira.

30. — Voyant que tout était tranquille et

qu'il n'y avait nulle apparence d'hostilités, on commença à faire couper du bois dans le parc et on le rentra pour faire cent saucissons, pour refaire les deux traverses de chaque côté du donjon qui étaient faites avec des sacs à terre.

A onze heures du matin, un gendarme d'ordonnance qui a été conduit aux avant-postes de la place par un soldat prussien apporta une lettre au gouverneur, venant de l'état-major général. Après-midi, les personnes qui avaient besoin à Vincennes passaient plus librement.

La consigne des alliés, relativement à la place, était toujours la même et au moyen d'un certificat du maire de ce village que les habitants faisaient viser avec assez de difficulté par le colonel prussien qui restait à Saint-Mandé, ils pouvaient entrer des comestibles pour leur consommation seulement.

Les troupes du blocus étaient toujours en même nombre et les postes occupaient les mêmes positions.

31. — On continua à couper et à rentrer le bois pour les saucissons.

A midi, le maire de Vincennes fit publier à son de caisse que le général prussien permettait aux habitants de rentrer leurs bestiaux, mais jusqu'à six heures du soir le lendemain seulement.

Août, 1er. — On commença à faire les saucissons.

Tous les villages voisins étaient encombrés de troupes alliées qui manœuvraient beaucoup dans la campagne.

2. — On continua le travail des saucissons.

3. — Idem.

A quatre heures après-midi, 1000 Russes arrivèrent à Montreuil pour y loger. Le commandant prussien qui y était en qualité de commandant de place et chargé d'une partie du blocus eut de grandes difficultés avec le commandant russe pour les logements.

La consigne des alliés pour la place était toujours la même.

4. — On continua le travail des saucissons.

Le commandant d'artillerie fut informé de la Direction de Paris que les commissaires français et alliés viendraient les 5 et 6 pour reconnaître les armes et munitions dont il a été parlé dans la journée du 25 juillet.

Les postes de part et d'autre occupaient toujours les mêmes positions.

5. — Le 5, comme on avait rendu compte au gouverneur que, depuis deux jours, les alliés levaient les plans d'une partie du parc au pourtour de la place, il envoya le commandant du génie pour s'en assurer. Il partit, habillé en bourgeois, parcourut toutes les routes et une partie du massif du parc : on avait même dit qu'on avait commencé des travaux. Il ne remarqua rien, que beaucoup de postes et beaucoup plus forts qu'on ne l'avait d'abord présumé. Un des gardes du parc lui dit que depuis deux jours, quatre officiers prussiens examinaient attentivement toutes les routes et sentiers qui aboutissent à la place, entre le polygone et le mur d'enceinte du parc, au-dessus de Charenton. Il fut témoin de la fête que donnèrent les officiers et soldats qui étaient à Montreuil et à Saint-Mandé à l'occasion de la naissance de Sa

Majesté le roi de Prusse. Craignant d'être reconnu des officiers prussiens qui l'avaient souvent vu aux avant-postes et au quartier-général près Saint-Mandé, il se disposa à rentrer dans la place. Mais les postes des diverses routes qui y conduisent l'empêchèrent de passer et le gardèrent jusqu'à cinq heures et demie, heure à laquelle il s'échappa et se jeta dans les avant-postes de la place.

Le 6. — On continua comme les jours précédents les travaux des saucissons.

A midi, on vint annoncer que les commissaires chargés de reconnaître les armes et munitions étaient aux avant-postes.

Le gouverneur alla les reconnaître et leur demanda en vertu de quel ordre ils venaient. Ils lui dirent que c'était en vertu de celui de S. Exc. le ministre de la guerre, qu'ils lui montrèrent. Après une explication assez longue, on les laissa entrer dans la place.

Cette commission était composée de :

MM. le colonel Daugrau, directeur, ⎱ pour la
     le chef de bataillon.   ⎰ France.

le major prussien Grévenitz, } pour les
le major anglais. } alliés.

Ces messieurs entrèrent donc dans la place, mais dans la première cour seulement. On leur fit voir 87 pièces de canons en fer qui y étaient déposées et les fusils les plus dégradés qui se trouvaient dans la caserne en face le donjon. Ils demandèrent à voir les munitions confectionnées qui provenaient du camp sous Paris. On les conduisit à l'abreuvoir et on leur fit voir les débris du contenu de trente caissons qu'on avait jetés à l'eau le 9 juillet, qui se composaient d'obus chargés et de gargousses. On leur proposa de voir la poudre qui était déposée dans le donjon, ils ne voulurent pas. Ainsi la visite de ces messieurs n'a duré qu'un quart d'heure et ils sont partis de suite.

Le 7. — On continua le travail des saucissons.

Les postes et la consigne des alliés étaient toujours les mêmes.

Les alliés manœuvrèrent beaucoup dans les environs et notamment derrière le polygone.

Le 8. — Le 8, on commença la construction des deux traverses avec des saucissons.

Il est arrivé 2400 Russes à Montreuil pour y loger avec ceux qui y étaient déjà.

9. — On continua lesdites traverses.

Les 2400 Russes qui étaient arrivés le 8 à Montreuil en sont partis et il ne restait plus dans ce village que 2000 alliés dont 1000 Prussiens. Les postes étaient toujours les mêmes.

10. — Le 10, idem.

On continua lesdites traverses et on commença à mettre trois pièces de 24 et un obusier de ceux qui les armaient sur des affûts marins, en remplacement de ceux de campagne sur lesquels ils étaient précédemment.

11. — Le 11, idem.

12. — On acheva de mettre lesdites pièces et l'obusier sur les affûts marins.

A sept heures du matin, le gouverneur et le commandant d'artillerie reçurent l'ordre de livrer aux commissaires français et alliés les canons, affûts, fusils et la poudre qu'ils étaient venus reconnaître le 6.

A huit heures, on consigna la garnison et on commença à transporter les canons et fusils, au bout du mur du petit parc, près l'étang de Saint-Mandé, et on les y déposa.

Les alliés placèrent des postes de ce côté pour les garder.

13. — On continua la réfection desdites traverses et saucissons.

On termina de transporter les canons, fusils, affûts et la poudre à l'endroit désigné ci-dessus. Les alliés laissaient passer difficilement sur la route de Vincennes.

14. — On continua lesdites traverses.

A six heures du matin, un officier d'artillerie français et six officiers anglais et prussiens de la même arme vinrent reconnaître les canons, fusils, affûts et la poudre énoncés ci-dessus. Ils annoncèrent qu'ils viendraient le lendemain pour en vérifier le compte.

Les postes, de toutes parts, gardèrent leurs positions respectives.

15. — On continua lesdites traverses.

A huit heures du matin, un chef de bataillon

5

anglais, trois officiers d'artillerie prussiens et
quarante canonniers de ces deux nations vinrent
vérifier le compte des armes et la quantité
de poudre qui étaient déposées à l'endroit énon-
cé ci-dessus et se les partager. Ils formèrent de
nouveaux postes aux environs de leur dépôt qui
était composé ainsi qu'il suit :

87 pièces de canons en fer.

19000 fusils, dont une partie non achevée et
l'autre à réparer.

12 affûts de divers calibres et de diverses espèces.

7500 kilogrammes de poudre à canon et à
cartouches.

A dix heures du matin, le gouverneur et le
major commandant l'artillerie furent informés
que les commissaires français et russes viendraient reconnaître 10000 fusils neufs que le
gouvernement français cédait au gouvernement
russe, moyennant la somme de 40 francs
l'un.

A deux heures après-midi, ces commissaires
se présentèrent aux avant-postes des alliés à

Saint-Mandé, qui ne voulurent pas les laisser passer.

Un colonel russe fit appeler le colonel prussien faisant partie de l'état-major chargé du blocus, lui fit part de sa mission et lui demanda à passer. Malgré toutes les observations que lui fit cet officier russe en lui rappelant qu'ils étaient alliés, ces messieurs furent obligés de rétrograder sans avoir pu pénétrer jusqu'à la place.

Les postes, de part et d'autre, occupaient toujours les mêmes positions.

16. — On continua lesdites traverses et on commença à encaisser les 10000 fusils.

Les Anglais et les Prussiens commencèrent à emmener leurs armes et la poudre qu'on leur avait déposées à l'extérieur.

17. — On continua lesdites traverses et l'encaissement des fusils.

Les alliés continuèrent d'emmener leurs armes et poudre.

18. — Idem.

A midi, un officier des avant-postes de la

place sur la route de Paris vint prévenir le gouverneur qu'un officier supérieur prussien était aux avant-postes des alliés, demandant qu'on retirât de quelques pas la sentinelle qui était sur la ligne de démarcation, occupée depuis le commencement du blocus, afin de rapprocher la vedette. Comme il attendait la réponse, un adjudant de place est allé lui dire, de la part du gouverneur, que la sentinelle avancée était au poste qu'elle occupait depuis. longtemps et qu'elle ne rétrograderait pas. Cet officier monta à cheval et se retira suivi d'un hussard noir qui l'escortait.

Dans la journée il est arrivé 200 hussards prussiens pour augmenter les troupes du blocus.

Le 19. — On continua les traverses et l'encaissement des fusils.

Les alliés continuèrent d'emmener leurs canons ; les fusils l'étaient.

Le commandant prussien, logé à Montreuil et chargé du blocus de ce côté, fit placer des jalons à tous les postes, excepté à celui de la route de Paris, pour retracer la ligne de démarcation, vu que les jalons qui la traçaient primitivement étaient retirés.

A midi, le gouverneur fut informé que les commissaires russes et français viendraient aux avant-postes pour reconnaître les 10000 fusils qu'on cédait à cette première nation.

Il est mentionné dans la journée du 9 juillet qu'on a jeté dans l'eau 30 caissons de munitions, consistant en obus chargés et gargousses. Quelques jours après, afin d'éviter, par les chaleurs, une odeur méphitique, on en fit retirer une partie qu'on déposa dans un ancien trou à chaux, près de l'abreuvoir où on les avait jetés.

A sept heures et demie du soir, un canonnier invalide essaya de décoiffer un obus pour en avoir la poudre. Le frottement de la pierre avec laquelle il travaillait mit le feu à la mèche et le fit éclater et quatre autres avec. Ce canonnier fut blessé et les éclats se dispersèrent dans l'intérieur et à l'extérieur de la place. Heureusement ils ne firent aucun mal. Cet accident porta l'alarme jusqu'aux postes alliés qui prirent les armes et commençaient à se retirer. Le gouverneur envoya un adjudant de place pour les rassurer.

20. — On n'a pas travaillé aux traverses, mais on se disposa à sortir de la place les 10000 fusils à céder aux Russes.

Les Anglais et les Prussiens continuèrent d'emmener leurs canons.

A neuf heures du matin, un officier français et deux officiers russes d'artillerie se présentèrent aux avant-postes de la place. On les fit conduire aux regards des eaux, sur la route de Montreuil, à environ 200 toises de la place, endroit que le gouverneur avait assigné pour déposer lesdits fusils, qu'on y fit transporter de suite. Les officiers russes les vérifièrent pendant le reste de la journée et établirent des postes pour les garder.

21. — On continua les traverses et on fit élever de nouvelles plates-formes beaucoup plus élevées que les anciennes aux canons et obusiers placés dans les embrasures des arcades des quatre fronts de la place.

L'officier de génie fit réparer la porte du sus-
dit regard et les tuyaux que les alliés avaient
brisés au commencement du blocus.

L'officier commandant les troupes russes à
Montreuil arma ses hommes avec une partie
des fusils qu'on avait cédés la veille. Il commença à faire transporter le reste à Belleville et au
village de Maison près Charenton.

Les Prussiens qui étaient à Montreuil et à
Saint-Mandé ont reçu l'ordre de partir pour la
Normandie. Ils faisaient leurs préparatifs en
conséquence.

Les postes, de part et d'autre, occupaient
toujours les mêmes positions ; la consigne des
alliés était toujours la même pour les comestibles relativement à la place.

22. — On continua les traverses et les plates-
formes des pièces placées dans les embrasures
des quatre fronts.

Les Anglais et les Prussiens continuèrent
d'emmener leurs canons et leurs affûts.

23. — On acheva les traverses et on équipa
des chèvres pour monter le reste des pièces

qui y étaient en batterie sur des affûts marins.

La fermeture des regards et la réparation des tuyaux sur la route de Montreuil furent terminées, non sans peine, rapport aux postes russes qui étaient chargés de la garde des fusils, qui furent terminés d'être enlevés.

Les Anglais et les Prussiens ont eu terminé l'enlèvement de leurs canons et de leurs affuts.

Les Prussiens qui étaient à Montreuil et à Saint-Mandé qui avaient reçu l'ordre de partir pour la Normandie avaient déjà envoyé une partie de leurs bagages, mais à quatre heures et demie ils reçurent contre-ordre.

24. — On monta sur les affuts marins le reste des pièces qui étaient en batterie aux susdites traverses.

Le gouverneur ordonna à l'officier du génie de former en maçonnerie les genouillères et joues des embrasures pratiquées dans les arcades du front sud et de bander les voussures par des linteaux, vu que pendant le siège de 1814 elles n'avaient été que grossièrement percées et ne présentaient qu'une faible solidité à la commotion du tir des pièces. Le travail fut de suite exécuté.

Les Russes continuèrent d'emmener leurs fusils.

Les Prussiens qui restaient à Montreuil et à Saint-Mandé ont continué d'y cantonner en vertu du contre-ordre qu'ils ont reçu le 23. Ils étaient toujours spécialement chargés du blocus.

A cinq heures du soir il est arrivé 300 Prussiens à Montreuil pour renforcer les 2000 qui y étaient dont 1000 Russes. Ainsi il restait dans ce village 2300 alliés et 1000 à Saint-Mandé.

A sept heures on a tiré en l'honneur de la fête de Sa Majesté une salve de vingt-un coups de canons dont seize de 24 et cinq de 12. Chaque coup qui fut tiré le fut par des pièces différentes pour prouver aux alliés que la place était armée de pièces de gros calibre sur tous les fronts.

Les postes de part et d'autre occupaient toujours les mêmes positions et la consigne des alliés pour les comestibles relativement à la place fut toujours la même.

25. — Le 25, les travaux des embrasures du front sud furent terminés et les pièces des traverses furent montées sur leurs affuts.

A six heures du matin et à sept heures du soir, on tira deux salves d'artillerie semblables à celles du 24.

Les Russes eurent terminé d'enlever leurs fusils et ils levèrent les postes qui les gardaient.

26. — Le 26, à huit heures du matin, les Prussiens chargés du blocus qui étaient à Montreuil et à Saint-Mandé faisaient leurs préparatifs de départ.

A huit heures du soir ils ont levé tous leurs postes, sentinelles et vedettes avancées. Ceux de la garnison restèrent toujours.

27. — A une heure du matin, les Prussiens qui étaient dans ces deux villages ont pris les armes, se sont rassemblés et en sont partis à quatre heures.

A six heures du matin, il est arrivé à Saint-Mandé 300 hommes d'infanterie et 100 de cavalerie de Sa Majesté le roi de Prusse qui ont placé un poste de 50 hommes à la Tourelle et des factionnaires avancés en face de ceux de la place, sur la route de Paris, deux aux redoutes et trois au grand chemin de Montreuil, un de 50 hommes et des factionnaires avancés à la porte dite du Bel-Air, dans le parc, et un d'égale force à la porte de Saint-Mandé.

A neuf heures, ils placèrent un même poste de 50 hommes sur l'esplanade, en face de la place, sur le front sud, près des factionnaires de la garnison; ainsi la place n'était cernée par des postes avancés que depuis cette esplanade jusqu'au grand chemin de Montreuil sous Charonne. Elle l'était des autres côtés par 1200 Russes qui étaient restés à Montreuil et dans les pays voisins qui en étaient remplis depuis longtemps; mais ils n'avaient des postes qu'à chaque issue de ces endroits qui se trouvent à une distance assez éloignée de la place.

28. — Rien de nouveau.

29. — Les 400 Russes qui étaient arrivés la veille à Saint-Mandé ont été relevés à huit heures du matin par le même nombre qui ont repris les mêmes postes.

Les Russes qui étaient dans les villages voisins sont allés passer la revue de leur général à Belleville.

30. — Même rapport sur les Prussiens.

A midi, le gouverneur fit lever tous les postes qui gardaient la place et le village à l'exception de celui de la grande route de Paris et fit tripler ceux des portes principales de la place et placer des factionnaires à très-petite distance l'un de l'autre sur les glacis des quatre fronts.

Le soir, il est arrivé 2500 Russes pour loger à Montreuil, joints à ceux qui y étaient déjà.

31. — Même rapport sur les Prussiens.

A trois heures du matin, les 2500 Russes arrivés la veille et les 1200 qui étaient déjà depuis longtemps à Montreuil et tous ceux qui étaient dans les villages voisins sont allés passer la revue à Paris, mais par des chemins éloignés du parc. Ils ont été de retour à midi. Immédiatement après leur arrivée, ils ont fait les préparatifs de leur départ qui devait avoir lieu le lendemain.

Les postes de part et d'autre gardèrent tou-

jours les mêmes positions, mais celui des batteries des alliés au mamelon de l'étang de Saint-
Mandé fut levé.

Septembre, 1ᵉʳ. — Le 1ᵉʳ à huit heures du
matin, l'officier du génie, voyant que lesdites
batteries n'étaient plus gardées et que les postes
des alliés ne dépassaient pas les portes de Saint-
Mandé, du Bel-Air et de la Tourelle de ce côté,
résolut d'aller les visiter, reconnaître leur construction et la direction de leur feu.

Il partit de la place, habillé en bourgeois. Il
alla jusqu'à Saint-Mandé, à la porte du Bel-Air;
il demanda à l'officier de poste des alliés à parler au garde de cette porte chez lequel était
établi le corps de garde fort de 50 hommes qui
fournissait quatre factionnaires à l'intérieur de
cette porte et un même nombre à l'extérieur
dans le parc. Il parvint non sans peine à pénétrer jusqu'à ce garde qu'il connaissait, sous pré-
texte de lui rendre une visite. Il lui demanda
quelques détails (comme propriétaire de Saint-
Mandé) sur les dégradations de ses bâtiments.
Il lui proposa de les lui faire voir. Il le condui-

sit donc en franchissant les factionnaires alliés,
vu qu'il en était connu, dans un de ses bâtiments
situé en face l'étang de Saint-Mandé dont l'entrée est sur le parc. Après avoir visité ces bâtiments, l'officier se disposa à prendre congé de
ce garde et continuer sa reconnaissance en le
priant de garder le silence sur lui, et ils se quittèrent.

Il descendit dans l'étang après avoir examiné
s'il n'était pas vu des factionnaires. Il alla jusqu'au milieu où il aperçut un petit chemin qui
lui sembla se diriger du côté des batteries. Il le
suivit et parvint en un instant à monter sur le
sommet du mamelon qui servait d'épaulement;
il visita les barbettes, les embrasures, les plates-
formes des mortiers et les fouilles qui étaient
faites pour servir de magasin aux approvisionnements des bouches à feu. Il reconnut que les
quatre pièces à l'extrémité du mamelon, côté
de Saint-Mandé, devaient contre-battre celle du
bastion de la tour de Paris; que deux étaient
dirigées sur le donjon, deux sur le pavillon du
Roi; deux obusiers et quatre mortiers devaient

envoyer des obus et des bombes dans la place, notamment sur l'église et sur la caserne en face le donjon, qui étaient parfaitement vues de ces batteries.

Les factionnaires du poste des alliés de la porte du Bel-Air s'aperçurent de cette reconnaissance et prirent les armes dès le commencement. Ils détachèrent un officier à cheval et deux soldats armés à pied qui vinrent sous bois pour s'emparer de l'officier du génie qui continuait la reconnaissance des batteries. Le poste d'observation du donjon s'aperçut du mouvement que firent les alliés, envoya de suite un soldat en prévenir le poste de la porte du sud qui prit les armes et en fit prévenir le gouverneur qui sortit avec une partie de l'état-major et un détachement de la garnison pour venir au secours de l'officier du génie qui ne vit l'officier prussien et les deux soldats que lorsqu'ils furent au milieu des batteries à 25 toises de lui. Au même moment, huit vétérans arrivèrent à la hâte auprès desdites batteries pour le débarrasser des Prussiens qui approchaient toujours de lui. Mais lorsqu'ils virent qu'il se jeta parmi les vétérans et qu'ils se disposèrent à rentrer dans la place, ils restèrent sur la tête desdites batteries. L'officier prussien y plaça ces deux soldats en faction qui furent relevés jour et nuit toutes les deux heures. Depuis cette époque elles restèrent gardées jusqu'au 2 octobre.

A dix heures du matin, deux officiers de la garde de S. M. le roi de Prusse se présentèrent à l'avant-poste de la route de Paris, remirent une lettre à l'officier pour la faire parvenir à M. le gouverneur. Elle contenait une invitation de M. le baron Muffling, gouverneur de Paris pour les souverains alliés de retirer ce poste avancé qui fournissait les factionnaires qui étaient en présence de ceux des alliés. Le gouverneur répondit officiellement que tant qu'il y aurait des postes et des factionnaires alliés devant la place, il y laisserait les siens; que M. le baron Muffling les fît rentrer, qu'il retirerait ceux de la place. Lorsque ces officiers eurent cette réponse, ils se retirèrent.

Le 2. — Voyant que les vivres s'épuisaient,

on écrivit à S. Exc. le Ministre de la guerre pour en obtenir de nouveaux à l'insçu des alliés qui ne laissaient rien passer. Son Excellence autorisa de suite l'ordonnateur en chef à faire les acquisitions nécessaires. Cet ordonnateur en écrivit au commissaire des guerres qui chargea le conservateur d'aller à Paris et à divers endroits pour faire les acquisitions.

Voici les moyens qu'il y employa :

Les vivres qu'il achetait à Paris étaient conduits jusqu'à Bondi et de là au village de Vincennes comme pour y être consommés ; aussitôt qu'ils y arrivaient on les faisait entrer dans la place.

Il employa les mêmes détours pour les vivres qu'il achetait dans les autres endroits et par ce moyen la place se trouva ravitaillée jusqu'au lever du blocus, sans que les alliés s'en doutassent. On verra par la suite les convois qui y sont entrés à diverses époques.

A sept heures du matin, un officier prussien s'est présenté aux avant-postes des alliés sur la route de Paris, pour voir si ceux de la place

avaient été retirés conformément à l'invitation
de M. le baron Muffling. Il vit qu'ils étaient toujours aux mêmes endroits.

Le 3. — Il entra dans la place les vivres et
bois ci-après :

36 quintaux métriques de farine,
188   —   riz,
4   —   sel,
228 litres de vinaigre,
100 stères de bois à brûler.

Les postes de part et d'autre occupaient toujours les mêmes positions.

Du 4 au 6 inclusivement. — Rien de nouveau.

Le 7. — Les postes de part et d'autre occupèrent toujours les mêmes positions jusqu'à
midi.

A cette heure, les alliés envoyèrent à Charonne 150 hommes de la garde du roi de Prusse
pour former les postes du côté de ce village et
des factionnaires à toutes les routes et petits
chemins.

Dix officiers dont un supérieur étaient établis à Saint-Mandé pour le commandement des troupes du blocus.

Le 8. — Rien de nouveau.

9. — Il est entré dans la place les vivres et bois ci-après :

   210 litres de vinaigre,

   50 stères de bois à brûler.

10 au 11. — Du 10 au 11, rien de nouveau.

12. — Le 12, d'après un arrangement fait entre le gouverneur et le commandant prussien, on fit rétrograder les factionnaires de part et d'autre de 75 toises sur la route de Paris ; tous ceux des autres postes gardèrent leurs mêmes positions.

A cinq heures du soir, le gouverneur reçut une lettre de l'état-major général relativement à l'enlèvement des palissades et chevaux de frise qui défendaient l'entrée du parc de Vincennes, aux portes de Fontenay et Nogent.

Il fit demander l'officier du génie pour lui donner connaissance de cette lettre et lui ordonna de partir sur-le-champ pour ces deux villages pour en prévenir les maires et à Saint-

Maur auprès du garde général de ce parc, que le lendemain matin on viendrait déplanter et emmener ces palissades dans la place. Il arrêta plusieurs voitures pour effectuer ce transport.

Cette lettre était ainsi conçue :

« Paris, le 12 septembre 1815.

« Général,

« M. le gouverneur a reçu la lettre que vous « lui avez écrite en date de ce jour, relative- « ment au bois provenant des palissades qui se « trouvent près de Nogent.

« M. le gouverneur vous autorise à les faire « enlever de suite en payant les frais du trans- « port. Dans le cas où le ministre de la guerre, « auquel il va en rendre compte, se refuserait « au remboursement, M. le gouverneur se « charge de l'effectuer de ses propres fonds.

« Agréez, etc.

« Le maréchal de camp, chef de l'état-major général,

« Signé : Comte GENTIL-SAINT-ALPHONSE.

« A M. le baron Dauménil, maréchal de camp. »

13. — A quatre heures et demie du matin,

d'après l'ordre du gouverneur, l'officier du génie partit avec le chef pompier et 40 vétérans munis d'outils et de fusils en cas d'insulte, vu que depuis quelque tems un officier prussien venait tous les jours compter ces palissades dans l'intention de les emmener. On commença ce travail qui fut terminé à sept heures du soir et à huit heures, la dernière voiture rentrait dans la place. Au moment où on quitta les susdits postes, l'officier prussien ne s'y était pas encore présenté.

Les alliés ont fait de fréquentes patrouilles dans la nuit aux environs des avant-postes de la place.

14. — Le 14, un officier prussien et plusieurs soldats se sont présentés à midi aux postes avec des voitures pour emmener lesdites palissades.

Les alliés continuèrent à faire des patrouilles dans la nuit.

15. — Idem.

16 au 19. — Idem. Rien de nouveau.

20 au 30. — Les alliés continuèrent de faire

de fréquentes patrouilles de cavalerie toutes les nuits.

Octobre 1er. — Le 1er, rien de nouveau.

2. — A six heures du matin, les alliés (infanterie et cavalerie) ont levé tous les postes. 8 officiers et 60 hussards sont restés dans le village de Saint-Mandé sans faire aucun service; les batteries n'étaient plus gardées.

3. — Il est entré dans la place les vivres et bois ci-après :

      100 quintaux métriques de farine,
    3360 litres de vin,
      86 stères de bois à brûler.

Les officiers et les 60 hussards qui étaient restés à Saint-Mandé sont partis. Les postes avancés de la place sont restés à leur position.

Il est arrivé dans le village de Montreuil 500 lanciers de la garde royale de Prusse.

4. — Le 4 à six heures du matin, lesdits lanciers partirent de Montreuil.

A neuf heures du matin, il est arrivé dans ce village 500 Prussiens de la landwehr qui y ont pris leurs cantonnements.

A dix heures il en est arrivé 600 à Saint-Mandé et 400 au village de Charonne qui ont repris les postes de la garde royale de Prusse pour observer la place. Ces postes étaient forts et posés ainsi qu'il suit :

30 hommes à la porte Saint-Mandé, qui fournissaient deux factionnaires entre cette porte et la place.

40 idem à la porte du Bel-Air, qui fournissaient deux factionnaires entre cette porte et la place et un sur la chaussée de l'étang près les batteries.

50 idem à la Tourelle, qui fournissaient deux factionnaires sur le grand chemin de Montreuil, deux sur l'ancien chemin de Lagny conduisant au village de Vincennes, quatre à la Tourelle près les redoutes, deux sur la route de Paris à 450 toises de la place.

50 hommes près Charonne, qui fournissaient des factionnaires dans la campagne du côté de ce village.

A onze heures du matin, le gouverneur ordonna à l'officier du génie d'aller détruire les

batteries du mamelon de Saint-Mandé (à l'é-
tang) dont il est parlé plus haut. Il lui fut donné
60 vétérans qu'il munit d'outils, 30 hommes armés, et on sortit, accompagné du gouverneur.
On plaça des factionnaires au pourtour de ces
batteries et on commença le travail qui dura
jusqu'à deux heures. Pendant son exécution, les
postes des alliés prirent les armes et envoyèrent
du renfort au factionnaire qui était au bout de
l'étang. Plusieurs soldats vinrent examiner ce
travail.

A trois heures, le gouverneur envoya un
adjudant de place à Saint-Mandé pour s'infor-
mer du nombre exact des alliés qui étaient dans
les environs. Dans le cours de sa tournée, il a
ouï dire qu'ils attendaient du renfort vers le soir
et que dans la nuit ils devaient former d'autres
postes et gagner du terrain.

A huit heures, le gouverneur demanda trois
hommes disposés à faire une reconnaissance
aux environs de la place. Ils se présentèrent et
partirent à cheval à huit heures et demie.

Le premier, qui était un portier consigne,

fit le tour de la place du côté de Montreuil.

Le deuxième, le conservateur des vivres, passa à la Tourelle et par Charonne.

Le troisième, l'officier du génie, alla derrière le polygone au-dessus de Charenton, s'en revint dans l'intention de pénétrer dans ce village. L'entrée lui en fut défendue par les factionnaires des postes alliés.

Ils rentrèrent dans la place de neuf heures et demie à dix heures sans rien avoir reconnu d'extraordinaire.

Les postes de part et d'autre occupaient toujours leurs positions respectives.

Le 5. — Les Prussiens cantonnés à Montreuil ont posé des factionnaires à toutes les rues qui aboutissent à Vincennes.

6 au 13. — Rien de nouveau.

14. — A six heures du matin, les Prussiens logés à Montreuil et à Saint-Mandé ont levé les postes et sont partis; ceux de la garnison restèrent à leur position.

A onze heures du matin et à quatre heures après-midi, deux détachements de Prussiens venant de Paris, voulant passer par Vincennes, se sont présentés aux avant-postes de la place, ont même tenté de les forcer. Ceux des postes de l'avancée du Bois ont pris les armes, se sont portés à leur rencontre et les ont fait rétrogra⁻ der.

A cinq heures il est arrivé 500 Silésiens et Hanovriens à Montreuil, 400 à Fontenay et 500 à Charonne. Ils ont repris les postes et posé des factionnaires partout où les Prussiens en avaient avant leur départ.

15. — Les postes et les factionnaires de part et d'autre occupaient les mêmes positions.

16. — Idem.

Il entra dans la place les vivres ci-après :

> 9030 litres de vin,
> 800 litres d'eau-de-vie.

17. — Il entra dans la place les vivres ci-après :

> 260 quintaux métriques de farine,
> 15   —   riz.

Les postes de part et d'autre occupèrent toujours les mêmes positions.

18 au 20. — Rien de nouveau.

21. — Le 21, il entra dans la place :

    5 quintaux métriques de farine,

  4200 litres de vin.

Les postes occupaient toujours les mêmes positions.

22 et 23. — Il entra dans la place :

  284 stères de bois à brûler.

24 au 28. — Rien de nouveau.

29. — A six heures du matin, les Silésiens et Hanovriens qui étaient dans les villages voisins en sont partis. Tous les postes ont été levés. Ceux de la place restèrent.

A midi, tous les postes qu'occupaient les Silésiens et Hanovriens ont été repris par les Brunswikois qui sont venus prendre leur cantonnement dans les villages voisins au nombre de :

    600 à Saint-Mandé,

  1200 à Montreuil,

  1000 à Fontenay,

  1000 à Nogent,

   800 à Charenton.
       —————

  4600 hommes.

30. — Les postes de part et d'autre gardèrent toujours leurs positions respectives.

31. — Idem.

Novembre, du 1er au 4. — Le 1er au 4, rien de nouveau.

15. — Il est entré dans la place :

2ſo quintaux métriques de farine.

6 au 14. — Du 6 au 14, rien de nouveau.

ſ. — Les Brunswikois quittèrent les cantonnements qu'ils occupaient depuis le 29 octobre. Tous leurs postes autour de la place furent levés sans être repris par les alliés qui avaient aussi des cantonnements dans les villages voisins. Ainsi on considéra le blocus comme terminé et la place entièrement libre. Néanmoins le gouverneur conserva les postes extérieurs jusqu'au 1er décembre.

Telle fut l'issue d'un siège que l'on avait tant redouté. La garnison eut le bonheur de conserver à l'État le dépôt qui lui avait été confié et qu'elle rendit presque intact. Elle eut à souffrir quelques privations, des inquiétudes morales; mais elle en reçut la récompense dans la douce satisfaction d'avoir rempli son devoir.

Vincennes, le 30 novembre 1815.

Signé : BÉNARD,

Adjudant au corps royal du génie militaire, à la place de Vincennes.

TABLE

IMPRIMÉ

PAR

GUSTAVE RETAUX

A

ABBEVILLE

291

www.ingramcontent.com/pod-product-compliance
Lightning Source LLC
LaVergne TN
LVHW050628090426
835512LV00007B/734